»Beide sind überzeugt, / sie habe ein plötzliches Gefühl vereint. / Schön ist die Gewißheit, / doch Ungewißheit schöner« – Liebe gehört für Wisława Szymborska zum Alltag, ohne alltäglich zu sein; so hütet sie sich vor großen Worten, ist ironisch, aus Erfahrung kritisch, nachsichtig, selbstkritisch. Sie kartographiert die Augenblicke, und mit einfachsten sprachlichen Mitteln gelingt ihr die hohe Kunst der verdichteten Weltbetrachtung.

Wisława Szymborska, die 1996 mit dem Nobelpreis für Literatur ausgezeichnet wurde, gilt als Schöpferin einer eigenen Poetik; keines ihrer Gedichte gleicht dem anderen. So überraschen auch ihre Liebesgedichte mit einer Fülle von neuen Entdeckungen, Inhalten und Stimmungen.

insel taschenbuch 3111
Wisława Szymborska
Liebesgedichte

Wisława Szymborska
Liebesgedichte

Ausgewählt und übertragen
von Karl Dedecius

Insel Verlag

Die vorliegenden Gedichte wurden zitiert nach:
Wisława Szymborska, Die Gedichte
Übertragen von Karl Dedecius
© Suhrkamp Verlag Frankfurt am Main 1997
Umschlagabbildung: John Singer Sargent,
The Misses Vickers. 1884. Ausschnitt.

insel taschenbuch 3111
Erste Auflage 2005
Originalausgabe
© Insel Verlag Frankfurt am Main und Leipzig 2005
Alle Rechte vorbehalten, insbesondere das des
öffentlichen Vortrags sowie der Übertragung
durch Rundfunk und Fernsehen, auch einzelner Teile.
Kein Teil des Werkes darf in irgendeiner Form
(durch Fotografie, Mikrofilm oder andere Verfahren)
ohne schriftliche Genehmigung des Verlages
reproduziert oder unter Verwendung elektronischer Systeme
verarbeitet, vervielfältigt oder verbreitet werden.
Vertrieb durch den Suhrkamp Taschenbuch Verlag
Umschlag: Michael Hagemann
Satz: Hümmer GmbH, Waldbüttelbrunn
Druck: Memminger MedienCentrum AG
Printed in Germany
ISBN 3-458-34811-5

1 2 3 4 5 6 – 10 09 08 07 06 05

Inhalt

Inhalt

Prolog

Schreiben eines Lebenslaufs

Was ist zu tun?
Ein Antrag ist zu stellen,
mit Lebenslauf.

Ungeachtet der Länge des Lebens
hat der Lebenslauf kurz zu sein.

Geboten sind Bündigkeit und eine Auswahl von Fakten.
Die Landschaften sind durch Anschriften zu ersetzen,
labile Erinnerungen durch konstante Daten.

Von allen Lieben genügt die eheliche,
nur die geborenen Kinder zählen.

Wichtig ist, wer dich kennt, nicht, wen du kennst.
Reisen, nur die ins Ausland.
Zugehörig wozu, aber ohne weshalb.
Preise, ohne wofür.

Schreibe, als hättest du niemals mit dir gesprochen
und dich von weitem gemieden.

Umgehe mit Schweigen Hunde, Katzen und Vögel,
den Erinnerungskleinkram, Freunde und Träume.

Der Preis gilt, nicht der Wert,
der Titel, nicht dessen Inhalt,

die Schuhgröße, und nicht wo
der Mensch, für den man dich hält, hingeht.

Dazu eine Fotografie mit entblößtem Ohr.
Wichtig ist seine Form, nicht, was es hört.
Was es hört?
Das Knirschen des Papierwolfs.

Erste Liebe

Erstes Leben

Ein Augenblick in Troja

Die kleinen Mädchen,
mager und ohne Hoffnung,
die Sommersprossen auf ihren Wangen loszuwerden,

Mädchen, die niemand beachtet,
die über die Lider der Welt gehn,

dem Vater ähnlich oder der Mutter,
was sie offen gesagt entsetzt,

werden zuweilen vom Teller,
vom Buch,
vom Spiegel
nach Troja entführt.

In den großen Garderoben des Augenblicks
verwandeln sie sich in schöne Helenen.

Sie treten ein über königliche Treppen
im Rausch der Bewunderung und der langen Schleppe.

Sie fühlen sich leicht. Sie wissen,
Schönheit behagt,
die Sprache gewinnt im Munde Sinn,
und Gesten meißeln sich selbst
im begnadeten Leichthin.

Ihre Gesichtchen,
wie geschaffen für Kochanowskis Gesandte,
ragen würdig auf Hälsen,
die einer Belagerung wert sind.

Die dunkelhaarigen Filmliebhaber,
die Brüder der Freundinnen, ach,
der Zeichenlehrer,
sie alle werden fallen.

Vom Turm des Lächelns
betrachten die kleinen Mädchen
die Katastrophe.

Die kleinen Mädchen
ringen die Hände
im Ritus der Heuchelei, der berauscht.

Die kleinen Mädchen
mit den Ohrringen des allgemeinen Lamentos,
im Diadem der brennenden Stadt,
vor dem Fond der Verwüstung.

Blaß und ohne eine einzige Träne.
Siegesbewußt. Des Anblicks satt.
Nur traurig darüber,
daß sie heimkehren müssen.

Die kleinen Mädchen
bei der Heimkehr.

Denkwürdigung

Im Haselholz liebten sie sich
unter den Sonnen des Taus,
mit welken Blättern im Haar
und auf der Erde zuhaus.

Schwalbenherz,
erbarme dich ihrer.

Sie knieten am Wasser nieder,
kämmten die Blätter vom Haar,
die Fische kamen geschwommen
ans Ufer als Sternenschar.

Schwalbenherz,
erbarme dich ihrer.

Das Abbild der Bäume rauchte
auf glitzernden Wogentressen.
Schwalbe, mach, daß sie niemals
vergessen.

Schwalbe, Dorn der Wolke,
Anker der Atmosphäre,
vollendeter Ikarus,
himmelfahrender Frack,

Schwalbe, Schönschreibkunst,
Zeiger ohne Minuten,
frühe Vogelgotik,
Silberblick des Himmels,

Schwalbe, spitze Stille,
heitere Traurigkeit,
Aureole Verliebter,
erbarme dich ihrer.

Verliebte

Uns ist so still, daß wir das Lied,
das gestern gesungene, hören:
»Du gehst bergauf, ich geh ins Tal . . .«*
Wir hören – und wolln es nicht glauben.

Unser Lächeln ist keine Maske der Trauer,
Güte bedeutet nicht Entsagen.
Die jetzt nicht lieben, tun uns leid,
noch mehr, als sie es wohl verdienen.

Wir sind von uns so sehr verwundert,
was könnte uns noch mehr verwundern?
Kein Regenbogen nachts.
Kein Schmetterling im Schnee.

Und wenn wir einschlafen,
sehn wir im Traum die Trennung.
Doch dieser Traum ist gut,
ja, dieser Traum ist gut,
weil wir davon erwachen.

---

* Anspielung auf ein polnisches Volkslied, in dem es heißt: »Du gehst
bergauf und ich ins Tal, du blühst als Rose auf und ich als Himbeer-
strauch.« (A. d. Ü.)

Liebe auf den ersten Blick

Beide sind überzeugt,
sie habe ein plötzliches Gefühl vereint.
Schön ist diese Gewißheit,
doch Ungewißheit schöner.

Sie meinen, weil sie sich früher nicht kannten,
seien sie sich auch nie begegnet.
Was sagen die Straßen dazu, die Treppen, Korridore,
wo sie aneinander seit langem hätten
                              vorbeigehen können?

Gern würde ich sie fragen,
ob sie sich erinnern –
in der Drehtür vielleicht irgendwann
Aug in Aug?
Ein »Pardon« im Gedränge?
Die Stimme im Hörer »Falsch verbunden«?
– doch ich kenne die Antwort.
Nein, sie erinnern sich nicht.

Es würde sie wundern zu hören,
der Zufall habe schon länger
mit ihnen gespielt.

Noch nicht bereit,
ihnen Schicksal zu werden,
stellte er sie mal näher, mal ferner,

versperrte den Weg,
sprang zur Seite,
verstohlen kichernd.

Es gab Zeichen, Signale,
zwar unleserliche, na und?
Flog vor drei Jahren vielleicht
oder am letzten Dienstag
ein gewisses Blatt
von Schulter zu Schulter?
Es gab Verlorenes und Aufgehobenes.
Ob's nicht schon ein Ball war
im Gebüsch der Kindheit?

Es gab Klinken und Klingeln,
wo sich früher schon
Berührung auf Berührung legte,
Koffer nebeneinander verwahrt.
Vielleicht gab's den gleichen Traum in ein und
derselben Nacht,
gelöscht sofort nach dem Erwachen.

Denn jeder Anfang
ist Fortsetzung nur,
und das Buch der Ereignisse
ist aufgeschlagen in der Mitte.

Überraschendes Wiedersehen

Wir begegnen einander höflich,
behaupten: Wie nett, sich nach Jahren wiederzusehn.

Unsere Tiger trinken Milch.
Unsere Habichte laufen zu Fuß.
Unsere Haie ertrinken im Wasser.
Unsere Wölfe gähnen vor dem offenen Käfig.

Unsere Schlangen haben sich freigeschüttelt von Blitzen,
Affen von Einfällen, Pfauen von Federn.
Die Fledermäuse sind längst aus unseren Haaren
                                    geflüchtet.

Wir verstummen mitten im Satz,
rettungslos lächelnd.
Unsereiner hat sich
nichts mehr zu sagen.

Glückliche Liebe

Glückliche Liebe. Ist das normal
und ernst zu nehmen und nützlich –
was hat die Welt von zwei Menschen,
die diese Welt nicht sehen?

Zu sich erhoben ohne jedes Verdienst,
die ersten besten von einer Million, allerdings
                                    überzeugt,
es habe so kommen müssen – als Preis wofür? für nichts.
Von nirgendwoher fällt Licht –
weshalb gerade auf die und nicht andre?
Beleidigt es nicht die Gerechtigkeit? Ja.
Verletzt es nicht alle sorgsam aufgetürmten Prinzipien,
stürzt die Moral nicht vom Gipfel? Es verletzt
                                    und stürzt.

Seht sie euch an, diese Glücklichen:
Wenn sie sich wenigstens verstellten,
Niedergeschlagenheit spielten, damit die Freunde
                              auf ihre Kosten kämen!
Hört, wie sie lachen – kränkend.
Mit welcher Zunge sie sprechen – scheinbar
                                  verständlich.
Und diese ihre Zeremonien, Zierereien,
die findigen Pflichten gegeneinander –
es ist wie eine Verschwörung hinter dem Rücken
                             der Menschheit!

Schwer zu ahnen, was geschähe,
machte ihr Beispiel Schule,
worauf Religion und Dichtung noch bauen könnten.
Was hielte man fest, was ließe man sein,
wer bliebe denn noch im Kreis?

Glückliche Liebe. Muß das auch sein?
Takt und Vernunft gebieten, sie zu verschweigen
wie einen Skandal in den besseren Kreisen des LEBENS.
Prächtige Babys werden ohne ihr Zutun geboren.
Sie könnte die Erde, da sie so selten vorkommt,
niemals bevölkern.

So mögen alle, denen die glückliche Liebe fremd ist,
behaupten, es gäbe sie nicht.

Mit diesem Glauben leben und sterben sie leichter.

Nichts geschieht ein zweites Mal

Nichts geschieht ein zweites Mal,
auch wenn es uns anders schiene.
Wir kommen untrainiert zur Welt
und sterben ohne Routine.

Und wären wir die dümmsten
Schüler auf ihren Pennen,
wir werden keinen Winter
und Sommer nachsitzen können.

Kein Tag wird sich wiederholen,
keine Nacht, denn sie entrücken,
es gibt nicht zwei gleiche Küsse,
zwei wiederholbare Blicke.

Als jemand deinen Namen
nannte bei mir gestern,
war's mir, als fiele eine Rose
herein durchs offene Fenster.

Heute sind wir zusammen,
ich dreh mich zur Wand. Oh, nein!
Rose? Was ist eine Rose?
Ist's eine Blume? Ein Stein?

Was mischst du dich, böse Stunde,
mit unnützem Angstgestöhn?
Du bist – also gehst du vorüber.
Du vergehst – also ist es schön.

Lächelnd wollen wir eins sein,
wenn wir uns halbwegs umfassen,
obwohl wir uns unterscheiden
wie zwei Tropfen reinen Wassers.

Goldene Hochzeit

Sie müssen früher verschieden gewesen sein,
Feuer und Wasser, sich jäh unterschieden haben,
einander beraubt und einander beschenkt
in der Begierde, im Angriff auf ihre Unähnlichkeit.
Umarmt, nahmen und gaben sie sich so lange hin,
bis nur noch Luft in den Armen zurückblieb,
transparent nach dem Abflug der Blitze.

Eines Tages fiel die Antwort vor der Frage.
Eines Nachts errieten sie den Ausdruck ihrer Augen
an der Art des Schweigens, im Dunkel.

Das Geschlecht verblüht, die Geheimnisse verglimmen,
im Ähnlichen begegnen sich Unterschiede
wie alle Farben im Weiß.

Wer von ihnen ist verzweifacht, wer nicht da?
Wer lächelt zwei Lächeln?
Wessen Stimme hallt zweistimmig wider?
In wessen Bejahen nicken sie die Köpfe?
Mit wessen Geste heben sie den Löffel zum Mund?
Wer zog hier wem das Fell über die Ohren?
Wer lebt hier, wer ist hier gestorben,
versponnen in die Linien – von wessen Hand?

Langsam wachsen Zwillinge aus dem Starrblick.
Vertrautheit ist die vollendetste der Mütter,

von ihren beiden Kindern zieht sie keines vor,
sie weiß sie kaum zu unterscheiden.
Am Tag der goldenen Hochzeit, dem Feiertag,
setzte sich eine Taube, einerlei gesehn, ans Fenster.

Museum

Da sind Teller, aber kein Appetit.
Da sind Ringe, doch ohne Gegenliebe
seit mindestens dreihundert Jahren.

Da ist ein Fächer – wo aber das Rot der Wangen?
Schwerter – doch wo ist der Zorn?
Die Laute klingt nicht einmal nach zur grauen Stunde.

Aus Mangel an Ewigkeit wurden
zehntausend alte Gegenstände versammelt.
Ein verschimmelter Diener schlummert behaglich
und läßt seinen Schnurrbart auf die Vitrine sinken.

Vogelfeder, Lehm, Metalle
triumphieren leise in der Zeit.
Nur die Nadel des ägyptischen Lachweibs kichert.
Die Krone überdauerte den Kopf.
Die Hand verlor gegen den Handschuh.
Der rechte Schuh siegte über den Fuß.

Was mich betrifft, ich lebe, recht und schlecht,
mein Wettlauf mit dem Kleid geht weiter.
Doch welchen Widerstand es leistet!
Und wie es überleben möcht!

Erste Liebe

Man sagt, die erste Liebe sei die wichtigste.
Ein sehr romantischer,
aber nicht mein Fall.

Etwas gab's und gab's nicht zwischen uns,
etwas kam und verkam.

Meine Hände zittern nicht,
wenn ich auf kleine Erinnerungsstücke stoße
und auf das Bündel mit einer Schnur
                          zusammengebundener Briefe
– wären sie wenigstens mit einer Kordel
                          zusammengebunden.

Unsere einzige Begegnung nach Jahren
war ein Gespräch zweier Stühle
am kalten Cafétisch.

Andere Lieben
atmen in mir noch tief.
Dieser fehlt zu einem Seufzer der Atem.

Und dennoch kann ebendiese, so wie sie ist,
was die anderen noch nicht können:
diese nicht erinnerte,
nicht einmal geträumte
macht mich vertraut mit dem Tod.

Buffo Profundo

Der Akrobat

Von einem Trapez zum
zum andern, in der Stille nach
nach einem plötzlich verstummten Wirbel, durch
durch die bestürzte Luft, schneller als
als die Last des Körpers, dem wieder
wieder der Sturz mißlang.

Allein. Oder noch weniger als allein,
weniger, da zerbrechlich, ihm fehlen
fehlen die Flügel, sie fehlen ihm ungemein,
ein Mangel, welcher ihn zwingt
zu schamhaften Höhenflügen auf ungefiederter,
nackter Spannung.

Mühsam leicht,
geduldig flink,
mit kalkulierter Phantasie. Siehst du,
wie er sich duckt zum Flug, weißt du,
wie er sich auflehnt von Kopf bis Fuß
gegen den, der er ist; weißt du, siehst du,
wie listig er seine frühere Form verzögert und,
um die wippende Welt in der Faust zu fassen,
die aus sich selbst neu geborenen Arme ausstreckt –

schöner als alles in diesem einen
diesem einen Moment, der übrigens schon vorbei ist.

Autorenabend

Muse, kein Boxer zu sein bedeutet, gar nicht
                                                zu sein.
Das brüllende Publikum hast du uns nicht gegönnt.
Zwölf Zuhörer sind im Saal.
Zeit anzufangen.
Die Hälfte ist da, weil es regnet,
der Rest sind Verwandte. Muse!

Die Frauen fielen an diesem herbstlichen Abend
                                                gern in Ohnmacht,
sie werden es tun, allerdings nur bei einem
                                                Faustkampf.
Nur dort gibt es dantische Szenen.
Ebenso das Indenhimmelgehobenwerden. Muse.

Kein Boxer zu sein, Poet zu sein,
verurteilt zu lebenslänglichem Büchner,
aus Mangel an Muskulatur der Welt die künftige
                                                Schullektüre
vorzuführen, im günstigsten Fall.
O Muse. Pegasus,
Engel unter den Pferden.

Der Greis in der ersten Reihe träumt behaglich,
seine Verblichene steige aus ihrem Grab und
backe ihm einen Pflaumenkuchen.

Mit Feuer, doch mit einem kleinen, sonst könnte
                         der Kuchen verbrennen,
beginnen wir unsre Lesung. Muse.

Koloratur

Sie steht unter dem Baumperückchen,
singt ewige Zerstreuung, Stück für Stückchen,
die Silben, italienisch silbern, rinnen
haardünn wie das Sekret der Seidenspinnen.

Sie liebt den Chevalier vom hohen C
in Ewigkeit wie eh und je.
Für ihn trägt ihre Kehle Spiegel,
trillert Triolen, läßt die Wörtchen stieben,
und, Röstbrot bröselnd in den Rahm,
füttert sie Schäfchen fein aus Porzellan,
die Filouette aus Filigran.

Doch höre ich richtig? Wehe!
Das schwarze Fagott schleicht sich in ihre Nähe.
Schwere Musik auf rabenschwarzen Brauen
entführt, zerbricht sie mittendurch, danach
basso profundo, Erbarmen, ach,
doremi mene tekel upharsin!

Willst du sie schweigen machen? Entführen
in kalte Weltkulissen? Ins Land
der chronischen Heiserkeit? In den Tartarus
                              des Katarrhs?
Wo ewiges Geräusper herrscht?
Wo die Fischmäulchen unglücklicher Seelen
sich regen? Dorthin?

O nein! O nein! Zu böser Stund
falle man nicht auf seinen Mund!
An Härchen, überhört in Eile,
da schwankt das Los nur eine Weile,
nur, daß sie Atem schöpfen kann,
als Echo an die Decke klettert, dann
zurückkehrt ins Kristallglas vox humana
und klingt, als säte jemand Licht.

Buffo

Zuerst geht unsre Liebe vorbei,
danach ein Jahrhundert oder zwei,
danach sind wir wieder vereint.

Komödiantin und Komödiant,
des Publikums Lieblingspaar,
im Theater wird man uns spielen.

Eine kleine Farce mit Couplets,
etwas Tanz, viel Gelächter,
ein treffliches Sittentableau
und Applaus.

Dich wird man urkomisch finden
auf dieser Bühne, mit dieser Eifersucht,
mit diesem Binder.

Ich bleibe ganz Karussell,
mein Kopf, mein Herz, meine Krone,
bis mein dummes Herz zerschellt,
meine Krone fällt, ich bleibe ohne.

Wir werden uns finden,
uns verlieren, der Saal wird lachen,
zwischen uns die sieben Berge, sieben Flüsse,
sieben Sprachen.

Und als ob das zu wenig wäre
an wirklichem Leid, an Niederlagen
– werden wir einander mit Worten zu Tode quälen.

Und dann werden wir uns verbeugen
nach der Farce.
Die Zuschauer werden schlafen gehn,
zu Tränen vergnügt ob des lustigen Paars.

Sie werden allerliebst leben,
die Liebe zähmen,
den Tiger füttern aus der Hand.

Und wir, auf ewig solala,
in Schellenkappen,
dem Klingeln barbarisch lauschen
und im Dunklen tappen.

Schatten

Mein Schatten folgt als Narr der Königin.
Sobald die Königin vom Stuhl sich reckt,
streckt an der Wand auch er sich nach ihr hin
und stößt den dummen Kopf gegen die Deck.

Das schmerzt vielleicht auf seine Art
in der Zweiseitenwelt. Vielleicht
fühlt sich der Narr an meinem Hof genarrt
und spielte lieber einen andern Part.

Die Königin – sie lehnt am Fenster heil,
der Narr dagegen springt zum Fenster ab.
So haben sie sich jede Tat geteilt,
obwohl es niemals halbe-halbe gab.

Der Simpel maßte sich die Gesten an,
das Pathos und sein Schamlossein alsdann,
das alles, wofür mir die Kräfte fehlen
– Krone, Zepter, Mantel, Kronjuwelen.

Ich werde, ach, die Arme leicht bewegen,
ach, leicht mein Haupt nach hinten wenden,
König, bei unsrem Abschiednehmen,
König, auf einer Bahnstation.

König, es legt auf diese Weise,
König, der Narr sich auf die Gleise.

Der Rest

Ophelia sang die tollen Lieder ab
und floh von der Bühne, besorgt,
ob ihr Kleid nicht zerknittert war, ob das Haar
auf die Schultern hinunterfloß, wie sich das gehört.

Zu wahrer Letzt wäscht sie die schwarze Verzweiflung
aus ihren Brauen und zählt – als Polonius'
                           natürliche Tochter –
sicherheitshalber die Blätter nach, die sie aus dem
                           Haar herausholt.
Ophelia, Dänemark möge mir und dir vergeben:
Beflügelt gehe ich unter, in praktischen Krallen
                           werde ich überleben.
Non omnis moriar aus Liebe.

Séance

Der Zufall zeigt seine Zauberstückchen.
Zieht aus dem Ärmel ein Glas Cognac,
setzt Heinrich darüber.
Ich betrete das Bistro und bin baß erstaunt.
Heinrich ist kein anderer
als der Bruder des Mannes von Agnes,
und Agnes ist eine Verwandte
des Schwagers von Tante Sophie.
Wir kamen darauf, daß wir denselben Urgroßvater haben.

Der Raum in den Händen des Zufalls
verwirrt sich und entwirrt sich,
dehnt sich und krümmt sich.
Soeben war er wie ein Tischtuch,
und schon ist er wie ein Taschentüchlein.
Rate, wen ich getroffen habe,
und noch dazu wo, in Kanada,
nach so vielen Jahren.
Ich hatte geglaubt, er lebe nicht mehr,
da seh ich ihn in einem Mercedes.
Im Flugzeug nach Athen.
Im Stadion von Tokio.

Der Zufall wendet das Kaleidoskop im Handumdrehn.
Milliarden bunter Scherben flirren.
Und plötzlich klirrt die Scherbe von Hänsel
an die Scherbe von Gretel.

Stell dir vor, im selben Hotel.
Aug in Aug im Fahrstuhl.
Im Spielzeugladen.
Auf der Kreuzung Schuster- und Jagiellonenstraße.

Den Zufall umhüllt ein Umhang.
Darunter gehn Dinge verloren und finden sich wieder.

Ich stieß darauf wider Willen.
Ich bück mich und hebe auf.
Ich sehe, es ist der Löffel
von dem gestohlnen Gedeck.
Wäre nicht das Armband,
ich hätte Ola nicht wiedererkannt,
auf die Uhr aber stieß ich in Płock.

Der Zufall sieht uns tief in die Augen.
Der Kopf wird schwer.
Die Lider fallen zu.
Wir möchten lachen und weinen,
denn es ist nicht zu glauben –
von der B 4 auf dieses Schiff,
da muß etwas dran sein.
Wir möchten rufen,
wie klein doch die Welt ist,
wie leicht, sie
zu umarmen.
Und für eine Weile erfüllt uns Freude,
die strahlt und trügt.

Kleine Komödien

Wenn es Engel gibt,
dann lesen sie wohl nicht
unsere Romane
von den enttäuschten Hoffnungen.

Ich befürchte – leider –
auch unsere Gedichte nicht
mit den Vorbehalten gegen die Welt.

Das Geschrei und die Zuckungen unserer Theaterstücke
müssen sie – vermute ich –
irritieren.

In den Pausen ihrer himmlischen,
das heißt nicht menschlichen Beschäftigungen,
schauen sie sich eher
unsere kleinen Komödien an
aus der Stummfilmzeit.

Mehr als die Jammernden,
die ihre Gewänder zerreißen
und die mit den Zähnen knirschen,
schätzen sie – wie ich vermute –
den armen Teufel,
der einen Ertrinkenden an der Perücke packt
oder vor Hunger

die eigenen Schnürsenkel verspeist.
Vom Gürtel an aufwärts Vorhemd und Ambitionen,
tiefer im Hosenbein aber
die entsetzte Maus.

O ja,
das muß sie köstlich amüsieren.
Der Wettlauf im Kreis
verwandelt sich in eine Flucht vor dem Flüchtenden.
Das Licht im Tunnel
erweist sich als Tigerauge.
Hundert Katastrophen
sind hundert spaßige Purzelbäume
über hundert Abgründe.

Wenn es Engel gibt,
dann sollte sie – hoffe ich –
diese auf dem Grauen schaukelnde Lustigkeit
                                    überzeugen,
die nicht einmal Zuhilf, Zuhilf ruft,
weil alles in der Stille geschieht.

Ich wage anzunehmen,
daß sie mit den Flügeln klatschen
und aus ihren Augen Tränen fließen,
zumindest die des Gelächters.

Lots Frau

Fruchtbarkeitsfetisch
aus dem Paläolithikum

Die Große Mutter hat kein Gesicht.
Wozu auch.
Ein Gesicht kann dem Körper nicht treu gehören,
ein Gesicht ist ungöttlich, dem Körper lästig,
es stört seine feierliche Einheit.
Das Antlitz der Großen Mutter ist ihr gewölbter Bauch
mit dem blinden Nabel in der Mitte.

Die Große Mutter hat keine Füße.
Wozu auch.
Wohin sollte sie denn wandern?
Wozu die Einzelheiten der Welt betreten?
Sie kam schon an, wo sie ankommen wollte,
nun harrt sie aus in den Werkstätten unter der
                                       straffen Haut.

Es gibt eine Welt? Nun gut.
Die üppig ist? Um so besser.
Die Kinderchen haben wohin
                          auseinanderzuschwärmen,
den Kopf zu erheben zu irgend etwas? Schön.
Es gibt so viel Welt, daß sie selbst zur Schlafenszeit da ist,
die übertrieben ganze und wirkliche Welt?
Und immer, sogar hinterm Rücken vorhanden?
Ihrerseits ist das viel, sehr viel.
Die Große Mutter hat kaum zwei Händchen,

zwei dünne, träge und auf den Brüsten gekreuzte
                                        Händchen.
Wozu sollten sie auch das Leben segnen,
Beschenkte beschenken!

Ihre einzige Pflicht
ist, zuzeiten von Erde und Himmel
auszuharren auf jeden Fall,
der sich niemals ereignet.
Im Zickzack den Inhalt beschweren.
Das Ornament verspotten.

Die Affenfrau

Vor dem Menschen aus dem Paradies vertrieben,
denn ihre Augen waren derart ansteckend,
daß, wenn sie sich umsah in Eden,
sie die Engel, einen jeden,
in ungeahnte Trauer stieß. Aus diesem Grund, obschon
ohne Demut, mußte sie sich damit abfinden,
hier auf Erden ihre prächtigen Sippen zu gründen.
Schwungvoll, behend und schlau, bis heute graciös,
geschrieben mit c, aus der Tertiärformation.

Im alten Ägypten verehrt, nahm sie das gestirnte
                                    Schwärmen
der Flöhe in ihrer heiligsilbernen Mähne in Kauf
und lauschte besorgt, erschweigsam, darauf,
was man von ihr wollte. Ach, das Nichtsterben,
                                    das ewige Ziel.
Und sie ging, den rosigen Bürzel schaukelnd
zum Zeichen, daß sie weder verbietet noch empfiehlt.

In Europa nahm man ihr die Seele,
ließ ihr aber aus Unachtsamkeit die Hände;
ein Mönch malte eine Heilige
mit langen Tierfingern.
Die Heilige mußte
die Gnade wie eine Nuß empfangen.

Warm wie ein Neugeborenes, zitternd wie
ein Greis, brachten sie Schiffe an königliche Höfe.
Hochfliegend am goldenen Kettchen, in dem
papageienfarbenen Fräckchen eines Marquis,
wimmerte sie. Kassandra. Was gibt's da zu lachen.

In China eßbar, schneidet sie auf dem Teller
gekochte oder gebratene Grimassen.
Ironisch wie ein Brillant in falscher Fassung.
Ihr Hirn schmeckt
angeblich zart, ist es auch defekt,
da es das Pulver nicht erfand.

In Märchen, die sie meist scheu und einsam fanden,
spielt sie in Spiegeln den Dummerjan,
verspottet sich selbst, das heißt geht mit gutem
                                        Beispiel voran
uns, über die sie alles weiß, wie eine arme Verwandte,
auch wenn wir uns nicht grüßen.

Bewegung

Du hier weinst, und die dort tanzen;
Tanzen dort in deiner Träne.
Feiern dort, sind ausgelassen.
Wissen nichts und nichts dort drüben.
Fast wie Flimmer, wie aus Spiegeln.
Fast wie Flackern, wie von Kerzen.
Wandelgänge fast und Treppen.
Gesten fast und fast Manschetten.
Leichtfuß Wasserstoff mit Sauer-,
Taugenichtse Chlor und Soda,
Fatzke Stickstoff tanzen Reigen:
Wie sie fallen, sich erheben,
Unter dieser Kuppel kreisen.
Du hier weinst, spielst ihnen auf.
Eine kleine Nachtmusik.
Wer, wer bist du, schöne Maske.

An mein Herz am Sonntag

Ich danke dir, mein Herz,
daß du nicht säumst, daß du dich regst
ohne Entgelt und ohne Lob,
aus angeborenem Fleiß.

Siebzig Verdienste hast du in der Minute.
Jede deiner Muskelbewegungen
ist wie das Auslaufen des Bootes
aufs offene Meer
zur Fahrt um die Welt.

Ich danke dir, mein Herz,
daß du mich ab und zu
herausnimmst aus der Ganzheit,
einzeln selbst im Traum.

Du sorgst dafür, daß ich mich träumend
nicht ganz und gar verliere
in einem Flug,
der keine Flügel braucht.

Ich danke dir, mein Herz,
daß ich wieder erwacht bin –
und obwohl es Sonntag ist,
ein Tag der Ruhe,
hält der rege Betrieb unter den Rippen an
wie sonst an den Wochentagen.

Katze in der leeren Wohnung

Sterben – das tut man einer Katze nicht an.
Denn was soll die Katze
in einer leeren Wohnung.
An den Wänden hoch,
sich an Möbeln reiben.
Nichts scheint hier verändert,
und doch ist alles anders.
Nichts verstellt, so scheint es,
und doch alles auseinandergeschoben.
An den Abenden brennt die Lampe nicht mehr.

Auf der Treppe sind Schritte zu hören,
aber nicht die.
Die Hand, die den Fisch auf den Teller legt,
ist auch nicht die, die es früher tat.

Hier beginnt etwas nicht
zur gewohnten Zeit.
Etwas findet nicht statt,
wie es sich gehörte.
Jemand war hier und war,
dann aber verschwand er plötzlich
und ist beharrlich nicht da.

Alle Schränke durchforscht.
Alle Regale durchlaufen.
Unter die Teppiche gekrochen und nachgesehen.

Sogar trotz des Verbots
die Papiere durcheinandergeworfen.
Was bleibt da noch zu tun.
Schlafen und warten.

Komme er nur,
zeige er sich.
Er wird schon sehn.
Einer Katze tut man so etwas nicht an.
Sie wird ihm entgegenstolzieren,
so, als wollte sie's nicht,
sehr langsam,
auf äußerst beleidigten Pfoten.
Zunächst ohne Sprung, ohne Miau.

Lots Frau

Angeblich sah ich zurück aus Neugier.
Aber außer der Neugier hätt ich auch andere
                              Gründe haben können.
Ich sah zurück, weil mir die Silberschale leid tat.
Versehentlich – als ich den Riemen festband an
                              der Sandale.
Um nicht noch länger in den gerechten Nacken Lots,
meines Mannes, zu blicken.
Aus plötzlicher Überzeugung, er hielte nicht einmal an,
                              wenn ich stürbe.
Aus dem Ungehorsam der Demutsvollen.
Lauschend auf die Verfolger.
Von der Stille getroffen, hoffend, Gott habe es sich
                              anders überlegt.
Unsere beiden Töchter verschwanden hinter der
                              Hügelkuppe bereits.
Ich spürte das Alter in mir. Die Entfernung.
Die Schläfrigkeit. Die Ödnis des Wanderns.
Ich sah zurück, als ich das Bündel zu Boden legte.
Ich sah zurück vor Angst, wohin den nächsten
                              Schritt setzen.
Schlangen kreuzten meinen Weg,
Spinnen, Feldmäuse, Geierküken.
Weder Gutes noch Böses – einfach alles, was lebte,
kroch und hüpfte in Massenpanik.
Aus Vereinsamung sah ich zurück.
Aus Scham, ich hätte heimlich die Flucht ergriffen.

Aus Lust, jetzt aufzuschreien, umzukehren.
Oder erst dann, als der Wind
mir das Haar löste und das Kleid nach oben riß.
Ich meinte, man sehe es von den Mauern Sodoms,
und lachte schallend, einmal, ein zweites.
Ich sah zurück im Zorn.
Um mich zu weiden an ihrem großen Verderben.
Ich sah zurück aus allen obengenannten Gründen.
Ich sah zurück ohne eigenen Willen.
Nur der Fels drehte sich unter mir knarrend.
Ein Erdspalt schnitt mir plötzlich den Weg ab.
Ein Hamster trippelte, auf zwei Pfötchen gereckt,
                                        am Rande.
Und da sahn wir beide zurück.
Nein, nein. Ich lief weiter,
ich robbte und flog hinauf,
bis vom Himmel Dunkel hereinbrach
und mit ihm der heiße Kies und die toten Vögel.
Aus Atemnot drehte ich mehrmals mich um.
Wer das hätte sehen können, meinte vielleicht, daß
                                        ich tanze.
Nicht ausgeschlossen, daß ich die Augen geöffnet hatte.
Möglich, daß mein Gesicht, als ich hinfiel, zur
                                        Stadt zurücksah.

Frauenbildnis

Sie hat auswählbar zu sein.
Sich zu verändern, damit sich ja nichts verändert.
Das ist leicht, unmöglich, schwer, lohnt den Versuch.
Ihre Augen sind, wenn es sein muß, mal blau, mal grau,
dann schwarz, lustig, grundlos mit Tränen gefüllt.
Sie schläft mit ihm wie die erstbeste, die einzige
                                        auf der Welt.
Sie wird ihm vier Kinder gebären, keine Kinder, eins.
Naiv, doch sie rät am besten.
Schwach, aber sie trägt es.
Fehlt ihr ein Kopf im Nacken, dann besorgt sie
                                        sich einen.
Ihre Lektüre sind Jaspers und Frauenjournale.
Sie weiß nicht, wozu dieses Schräubchen gut ist,
                                        aber sie baut eine Brücke.
Jung, wie üblich jung, noch immer jung.
Sie hält einen Spatz mit gebrochenem Flügel in Händen,
eigenes Geld für die weite und lange Reise,
das Hackmesser, die Kompresse, ein Gläschen Klaren.
Wo rennt sie so hin, ist sie nicht müde?
Doch nein, nur ein wenig, ziemlich, es macht nichts.
Entweder sie liebt ihn oder sie trotzt.
Zum Guten, zum Unguten, zum Gotterbarm.

Aus Erinnerungen

Wir plauderten miteinander,
ein Mädchen betrat die Terrasse,
ach, ein wunderschönes,
zu schön
für unseren ruhigen Aufenthalt hier.

Basia sah in Panik verstohlen zu ihrem Mann.
Krystyna legte unwillkürlich ihre Hand
auf die Hand von Zbyszek.
Ich überlegte: ich rufe dich an
und sage – komme vorläufig nicht,
soeben wird tagelanger Regen vorhergesagt.

Nur Agnes, die Witwe,
begrüßte die Schöne mit einem Lächeln.

Beim Wein

Er sah mich an, sein Blick gab mir Schönheit,
und ich empfing sie als die meine.
Glücklich verschlang ich einen Stern.

Ich ließ geschehen, daß er mich ausdachte
zum Ebenbild der Spiegelung
in seinen Augen. So tanze ich, tanze
im Geflatter plötzlicher Flügel.

Der Tisch ist Tisch, der Wein ist Wein
im Glas, das ein Glas ist
und stehend auf dem Tisch steht.
Aber ich bin imaginär,
unglaublich imaginär,
imaginär bis ins Blut.

Ich erzähle ihm, was er will: von Ameisen,
die an der Liebe sterben
unter dem Sternbild der Pusteblume.
Ich schwöre, daß weiße Rosen,
mit Wein besprengt, singen.

Ich lache, neige den Kopf
behutsam, als überprüfte ich
eine Erfindung. So tanze ich, tanze
in der staunenden Haut, in der Umarmung,
die mich erschafft.

Eva aus der Rippe, Venus aus Schaum,
Minerva aus Jupiters Haupt
waren wirklicher.

Sieht er an mir vorbei,
such ich mein Spiegelbild
an der Wand. Und sehe nur
den Nagel, kein Bild.

Ich bin zu nah

Ich bin zu nah, als daß er von mir träumte.
Ich fliege nicht über ihn hin, laufe ihm nicht davon
unter die Wurzeln der Bäume. Ich bin zu nah.
Nicht meine Stimme singt der Fisch im Netz.
Der Ring rollt nicht von meinem Finger.
Ich bin zu nah. Das große Wohnhaus brennt,
da, wo ich Hilfe schreie, ohne mich. Zu nah,
als daß die Glocke läutete auf meinem Haar.
Zu nah, um einzutreten wie ein Gast,
vor dem die Wände sich gleich öffnen.
Nie sterbe ich zum zweiten Mal so leicht,
so wissenlos, so außerhalb des Körpers
wie einst in seinem Traum. Ich bin zu nah,
zu nah. Ich hör das Zischen
und seh die Schuppe schillern dieses Worts,
erstarrt in der Umarmung. Er schläft tief,
zugänglicher in diesem Augenblick der einmal nur
                                                  gesehenen
Kassiererin des Wanderzirkus mit dem Löwen
als mir, die ich an seiner Seite liege.
Jetzt wächst für sie das Tal in ihm,
rostlaubig, eingesperrt vom schneebedeckten Berg
in blauer Luft. Ich bin zu nah,
um ihm vom Himmel in den Schoß zu fallen.
Mein Schrei kann ihn nur wecken. Ich bin, Arme,
beschränkt auf meine eigene Gestalt
und war doch Birke, Eidechse

und trat aus Zeiten und Brokaten vor,
mit Farben vieler Häute flimmernd. Und besaß
die Gnade, vor erstaunten Augen zu verschwinden,
den Schatz der Schätze. Jetzt bin ich nah, zu nah,
als daß er von mir träumte.
Ich zieh den Arm unter dem Kopf des Schlafenden

                                             hervor,
erstarrt, voll ausgeschlüpfter Nadeln.
Auf jeder ihrer Spitzen, abzuzählen,
sitzen gestürzte Engel.

Abschied vom Ausblick

Ich verzeihe dem Frühling,
daß er wieder kam.
Ich zürne ihm nicht,
daß er wie alle Jahre
seine Pflicht tut.

Ich weiß, meine Trauer
hält das Grün nicht auf.
Und bebt ein Halm,
so ist es der Wind.

Es tut mir nicht weh,
daß die Erlen am Wasser
etwas zu rauschen haben.

Ich nehme zur Kenntnis,
daß das Ufer des Sees
– als lebtest du noch –
so schön ist, wie's war.

Dem Ausblick bin ich nicht gram
wegen der Sicht
auf die Sonnenbucht.

Ich kann mir auch vorstellen,
daß zwei, nicht wir,

in diesem Augenblick
auf dem Birkenstamm sitzen.

Ich achte ihr Recht
auf Geflüster, auf Lachen
und glückliches Schweigen.

Ich nehm sogar an,
daß sie Liebe verbindet
und daß er sie umarmt
mit zitterndem Arm.

Etwas Neues, Vogelhaftes
raschelt im Schilf.
Ich wünsch ihnen ehrlich,
daß sie es hören.

Ich verlang keinen Wandel
von den Wellen am Ufer,
die mal flink sind, mal träge
und mir nicht gehorchen.

Ich verlange nichts
von der Flut hinterm Wald,
mal smaragden,
mal saphiren,
dann wieder schwarz.

Nur eins kann ich nicht.
Dorthin zurück.

Privileg des Dortseins –
Ich verzichte darauf.

Nur um so viel, nur so weit
hab ich Dich überlebt;
um aus der Ferne zu denken.

Im Gewimmel

Ich bin wer ich bin.
Ein unbegreiflicher Zufall
wie jeder Zufall.

Ich könnte
andere Ahnen haben,
und schon wär ich
einem anderen Nest
entschlüpft,
unter einem anderen Stamm
beschuppt hervorgekrochen sein.

In der Garderobe der Natur
gibt's viele Kostüme.
Das Kostüm der Spinne, der Möwe, der Feldmaus.
Sie passen sogleich wie angegossen
und werden brav getragen
bis zum Verschleiß.

Auch ich hatte keine Wahl,
aber ich beklag mich nicht.
Ich könnte
weniger Sonderfall sein.
Ein Jemand von der Sandbank, vom
            Ameisenhaufen, vom summenden Schwarm,
ein vom Wind getriebnes Teilchen der Landschaft.

Jemand viel weniger glücklich,
gezüchtet für einen Pelz,
für eine Festtagstafel,
ein Etwas, das unterm Glas schwimmt.

Ein Baum, der Erde verhaftet,
dem sich ein Feuer nähert.

Ein Halm, zertreten
vom Lauf der unbegreiflichen Ereignisse.

Eine Type vom »Dunklen Stern«,
der anderen leuchtet.

Wenn ich aber den anderen Angst einjagte,
nur Widerwillen erzeugte
oder nur Mitleid?

Wenn ich nicht in diesem Stamm,
wie angebracht, zur Welt gekommen wäre,
wenn sich die Wege vor mir schlössen?

Das Schicksal war mir
bislang gnädig.

Möglicherweise wär ich ohne Gedächtnis
für die guten Momente.

Ohne die Neigung
zu Vergleichen.

Ich hätte ich selbst sein können – doch ohne Erstaunen,
und das würde bedeuten,
jemand ganz anderer.

Danksagung

Vieles verdanke ich denen,
die ich nicht liebe.

Die Erleichterung, mit der ich hinnehme,
daß sie einem anderen näher sind.

Die Freude, nicht ich bin
der Wolf ihrer Lämmer.

Ich habe Frieden mit ihnen
und Freiheit mit ihnen,
das aber kann mir Liebe
weder geben noch nehmen.

So warte ich nicht auf sie
zwischen Fenster und Tür.
Geduldig
fast wie die Sonnenuhr,
weiß ich, was die Liebe
nicht weiß,
verzeihe, was die Liebe
niemals verziehe.

Vom Stelldichein bis zum Brief
verfließt keine Ewigkeit,
nur eben Tage und Wochen.

Die Reisen mit ihnen gelingen immer,
Konzerte werden erlebt,
Kirchen besichtigt,
Landschaften deutlich.

Trennen uns sieben Berge und Flüsse,
dann sind es Berge und Flüsse,
uns von der Karte vertraut.

Es ist ihr Verdienst,
wenn ich in drei Dimensionen lebe,
in einem nicht rhetorischen, nicht lyrischen Raum,
mit einem echten, weil beweglichen Horizont.

Sie wissen es selbst nicht,
was ihre leeren Hände alles tragen.

»Ich schulde ihnen gar nichts« –
würde die Liebe sagen
zu dieser offenen Frage.

Das Nichts

Das Nichts hat sich auch mir genichtet.
Es wendete sich tatsächlich auf die andere Seite.
Wo bin ich nur hingeraten,
Kopf und Fuß in Planeten,
unbegreiflich, ich hätte einmal nicht da sein können.

O du mein hier Getroffener, Liebgewonnener hier,
ich ahne, die Hand auf deiner Schulter, nur,
wieviel Leere uns auf der anderen Seite zukommt,
wieviel dort Stille fällt auf eine Grille hier,
wieviel dort Wiese fehlt dem Sauerampferblatt hier,
die Sonne aber ist nach dem Dunkel wie Schadenersatz
im Tropfen Tau – für die wie tiefen Dürren dort!

Gestirnt aufs Geratewohl! Die Hiesigen umgekehrt!
Weitgestreckt über Schrägen, Schwere, Rauheit,
                                        Bewegung!
Ein Spalt im Unendlichen für den grenzenlosen
                                        Himmel!
Erleichterung nach dem Nichtraum in Form einer
                                schwankenden Birke!

Jetzt oder nie bewegt der Wind eine Wolke,
denn Wind ist eben das, was dort nicht weht.
Und der Käfer betritt den Pfad im dunklen Anzug
                                        des Zeugen.
Für den Fall des langen Wartens aufs kurze Leben.

Für mich hat sich's so ergeben, daß ich bei dir bin.
Und wirklich, ich sehe darin nichts
Gewöhnliches.

Wanderer nach Omega

Geboren

Das also ist seine Mutter.
Diese kleine Frau.
Grauäugige Urheberin.

Das Boot, in dem vor Jahren
er am Ufer ankam.
Aus ihr trat er hervor
in die Welt,
in die Unewigkeit.

Gebärerin dieses Mannes,
mit dem ich durchs Feuer gehe.

Sie also ist diese Einzige,
die ihn sich nicht erwählt hat,
fertig, vollkommen.

Sie fing ihn selbst ein
in die Haut, die ich kenne,
band ihn an Knochen,
die sich vor mir verstecken.

Sie suchte ihm selbst
die grauen Augen aus,
mit denen er mich ansah.

Sie also ist sein Alpha.
Wieso zeigte er sie mir.

Geboren.
Also auch er geboren.
Geboren wie alle.
Wie ich, die ich sterben werde.

Sohn einer wahren Frau.
Ankömmling aus der Tiefe des Leibes.
Wanderer nach Omega.

Ausgesetzt der Gefahr,
nicht dazusein
von überall her,
in jeder Minute.

Und sein Kopf ist ein Kopf
gegen die Wand,
der Zeit gefügig.

Und seine Bewegungen
weichen ab
vom üblichen Urteil.

Ich hab's begriffen:
daß er den halben Weg bereits gegangen ist.

Doch das hat er mir nicht gesagt,
nein.

Er sagte mir nur:
Das ist meine Mutter.

Schönheitskonkurrenz der Männer

Gespannt vom Spann bis an den Kiefer.
Von Oliofirmamenten triefend.
Nur der bekommt die Mister-Note,
der wie ein Striezel zugeknotet.

Er fürchtet einen Bären nie, bewahre,
den bedrohlichsten nicht (obwohl der nicht zugegen).
Drei unsichtbare Jaguare
erlegt er mit drei schnellen Schlägen.

Der Grätsche Meister und der Hocke.
Sein Bauch hat fünfundzwanzig Mienen.
Ein Vielgeschwulst – der Saal frohlocke –
dank seiner Zaubervitamine.

Negativ

Am dunkelgrauen Himmel
ein noch graueres Wölkchen
von der Sonne schwarz umrandet.

Links, das heißt rechts
der weiße Zweig eines Kirschbaums mit
                                        schwarzen Blüten.

Auf deinem dunklen Gesicht helle Schatten.
Du nahmst Platz am Tisch
und legtest auf ihn die aschgrau gewordenen Hände.

Du wirkst wie ein Geist,
der die Lebenden beschwört.

(Da ich mich zu ihnen zähle,
müßte ich ihm erscheinen und klopfen:
Gute Nacht, das heißt Guten Tag,
Leb wohl, das heißt Sei gegrüßt.
Und nicht geizen mit Fragen auf keine Antwort,
falls sie das Leben betreffen,
das heißt das Gewitter vor der Ruhe.)

Lebendig

Wir umarmen nur noch.
Umarmen einen Lebendigen.
Nur noch mit einem Satz des Herzens
ergreifen wir ihn.

Zur Entrüstung der Spinne,
unserer Verwandten mütterlicherseits,
wird er nicht gefressen.

Wir erlauben seinem Kopf,
dem seit Jahren begnadigten,
auf unserer Schulter zu ruhn.

Aus tausend sehr verworrenen Gründen
sind wir gewohnt
zu horchen, wie er atmet.

Hinausgepfiffen aus dem Mysterium.
Entwaffnet vom Verbrechen.
Enterbt des weiblichen Grauens.

Nur manchmal blitzen, kratzen, verglühn
unsre Fingernägel.
Ob sie wissen,
ob sie wenigstens ahnen,
wessen Reichtums Tafelsilber sie sind?

Er vergaß es schon,
vor uns zu fliehen.
Kennt die vieläugige Angst
im Nacken nicht.

Er sieht aus,
als hätte er's kaum geschafft,
geboren zu werden.
Ganz aus uns. Ganz unser.

Wir umarmen nur noch.
Mit einem flehenden Schatten der Wimper
auf der Wange.
Mit einem wehmütigen Bächlein Schweiß
zwischen den Schulterblättern.

So ist er uns jetzt,
und so schläft er ein.
Zuversichtlich.
Im Griff des verjährten Todes.

Gewohnte Heimkehr

Er kam zurück. Sagte nichts.
Es war aber klar, daß er Ärger hatte.
Legte sich hin in Klamotten.
Verbarg den Kopf unter der Decke.
Zog die Knie an.
Er ist etwa vierzig, doch nicht in diesem Moment.
Er ist – aber nur soviel wie damals im Mutterleib,
unter den sieben Häuten, im schützenden Dunkel.
Morgen wird er den Vortrag halten über Homöostase
in der metagalaktischen Kosmonautik.
Vorläufig liegt er zusammengerollt und schläft.

Bahnhof

Meine Nichtankunft in der Stadt N.
erfolgte pünktlich.

Du bist benachrichtigt worden
mit dem nichtabgesandten Brief.

Du schafftest es, zur vorgesehenen Zeit
nicht zu kommen.

Der Zug fuhr ein auf Bahnsteig drei.
Viele Reisende stiegen aus.

In der Menge entfernte sich zum Ausgang
das Fehlen meiner Person.

Einige Frauen vertraten mich
eilig
in dieser Eile.

Zu einer lief
jemand, der mir fremd war,
doch sie erkannte ihn
sofort.

Sie tauschten beide
nicht unseren Kuß,

dabei ging nicht mein
Koffer verloren.

Der Bahnhof der Stadt N.
bestand das Examen
in objektivem Dasein mit Gut.

Das Ganze war an seinem Ort.
Die Details rollten
auf vorgezeichneten Gleisen.

Sogar das Treffen
fand wie verabredet statt.

Jenseits der Reichweite
unsres Dabeiseins.

Im verlorenen Paradies
des wahren Scheins.

Woanders.
Woanders.
Wie dieses Wörtchen klingt.

Bildergalerie

Falsch verbunden

In der Bildergalerie klingelte das Telefon laut,
es klingelte durch den leeren Saal zur späten
Mitternacht, schliefe hier jemand, es weckte ihn auf,
aber hier gibt es nur die schlaflosen Propheten,
nur die Könige starren vom Mondschein blaß
mit angehaltenem Atem auf irgendwas
wie die Frau des Wucherers auf den Kamin,
ausgerechnet auf den dort läutenden Apparat,
aber nein, sie legt ihren Fächer nicht dorthin,
sie steht wie die andern, bewegt erstarrt.
In Erhabenheit abwesend, in Kleidern oder nackt,
tun sie den nächtlichen Alarm einfach ab,
in welchem mehr steckt, ich schwör's, an
                              schwarzem Humor,
als träte der Hofmarschall persönlich aus
                              dem Bild hervor
(dem übrigens in den Ohren nur die Stille gellt).
Daß irgendwo in der Stadt schon lange ein Verwirrter
naiv den Telefonhörer an die Schläfe hält
nach einer falschen Ziffer? Er lebt, also irrt er.

Mittelalterliche Miniatur

Über den allergrünsten Hügel,
im allerberittensten Gefolge,
in allerseidigsten Mänteln.

Zur Burg der sieben Türme,
und jeder ist allerhöchst.

Allen voran der Fürst,
aufs schmeichelhafteste unbeleibt,
neben dem Fürsten Frau Fürstin,
wunderbar jung, allerjüngst.

Danach ein paar Hofdamen,
wahrlich wie gemalt,
daneben ein allerknabenhaftester Page
und auf dem Arm des Pagen
etwas überaus Affiges mit
allerlustigstem Schnäuzchen
und Schwänzchen.

Dahinter gleich drei Ritter,
und jeder verzweifacht, verdreifacht,
und schaut der eine keck,
dann blickt der andere drall,
sitzt einer auf braunem Roß,
dann aber, Verehrtester, auf dem allerbraunsten,

und alle reiten, als streiften sie mit den Hüflein
die allerfeldweghaftesten Tausendschönchen.

Wer aber traurig, wer geplagt ist,
ein Loch im Ärmel, ein Schielauge hat,
der fehlt hier am allerdeutlichsten.

Kein allereinzigstes der Probleme,
ob bürgerlich oder bäuerlich,
ist an diesem allerblauesten Himmel zu sehen.

Nicht einmal den klitzekleinsten Galgen
erspäht das falkenhafteste Auge,
nicht eine Spur vom Schatten des Zweifels.

So ziehn sie denn goldigst dahin
in hochfeudalstem Realismus.

Dieser hatte immerhin für Gleichgewicht gesorgt:
Die Hölle hielt er für sie auf einem anderen
                                        Bildchen parat.
Oh, das verstand sich von
allerselbst.

Die Frauen von Rubens

Frauliche Fauna, Walküren,
nackt wie das Donnern der Tonnen.
Sie nisten in zertrampelten Betten,
schlafen mit aufgerissenen Mündern, als wollten
                                    sie krähen.
Ihre Augäpfel flohen nach innen
und stieren tief in die Drüsen,
aus denen Hefe sickert ins Blut.

Töchter des Barock. Der Teig setzt Fett an
                                im Backtrog,
Bäder dampfen, Weine erröten,
über den Himmel galoppieren Wolkenferkel,
Trompeten wiehern den physischen Alarm.

O aufgedunsene, o kürbisrunde
und durch das Wegwerfen ihrer Kleider verdoppelte
und durch die gewalttätige Pose verdreifachte,
fette Liebesgerichte!

Ihre mageren Schwestern waren früher aufgestanden,
bevor es dämmerte auf dem Bild.
Und niemand sah, wie sie gingen im Gänseschritt
über die unbemalte Seite der Leinwand.

Vertriebene des Stils. Abgezählte Rippen,
Vogelnatur der Füße und Hände.

Mit den hervorstehenden Schulterblättern versuchen sie
davonzuflattern.

Das dreizehnte Jahrhundert hätte ihnen goldenen
Grund gegeben,
das zwanzigste eine Silberleinwand.
Dieses siebzehnte hat für die Flachen gar nichts übrig.

Konvex ist sogar der Himmel,
konvex sind Engel und Gott –
Phöbus mit Schnurrbart, der auf einem schwitzenden
Roß in den kochenden Alkoven reitet.

Erstarrung

Miss Duncan, die Tänzerin,
welch ein Wölkchen, ein sanfter Zephir, Bacchantin,
der Mondschein auf einer Welle, ein Wiegen, der
                              Hauch eines Atems.

Wenn sie so dasteht im Lichtbildatelier,
körperlich, schwer, der Musik, der Bewegung entzogen,
der Pose zum Fraß vorgeworfen,
zum falschen Zeugnis bestellt.

Die dicken Arme über den Kopf erhoben,
das Knäuel der Knie unter der kurzen Tunika frei,
der linke Fuß, vorgesetzt, die Ferse nackt, die Zehen,
5 Fußnägel (fünf in Worten).

Einen Schritt aus der ewigen Kunst in die
                              künstliche Ewigkeit –
es fällt schwer zu meinen – der Schritt sei besser
                              als nichts
und richtiger als überhaupt nicht.

Hinter dem Paravent das rosa Korsett, das Täschchen,
im Handtäschchen das Billett für die Dampferpassage,
die Abfahrt ist übermorgen, das heißt vor sechzig Jahren,
also nimmermehr, doch pünktlich um neun in der Früh.

Sommernachtstraum

Schon leuchtet der Wald der Vogesen.
Komm mir nicht nahe.
Ich Törichte, töricht,
mich mit der Welt einzulassen.

Ich aß Brot, trank Wasser,
vom Winde umweht, vom Regen durchnäßt.
Deshalb hüte dich vor mir, geh fort.
Und schließe die Augen fest.

Geh fort, geh fort, nicht zu Lande.
Schwimm fort, schwimm fort, nicht durch Meere.
Flieg fort, flieg fort, mein Guter,
ohne die Luft zu queren.

Sehn wir in uns mit geschlossenen Augen.
Sprechen wir uns mit geschlossenem Mund.
Nehmen wir uns durch die dicke Mauer.

Wir sind ein leicht komisches Paar:
Der Wald statt des Mondes scheint klar,
deiner Dame aber, Pyramus, treibt
der Wind den radioaktiven Mantel vom Leib.

Landschaft

In der Landschaft des alten Meisters
haben die Bäume unter der Ölfarbe Wurzeln,
führt der Pfad sicher ans Ziel,
ersetzt der Halm die Signatur mit Würde,
ihr fünf Uhr Nachmittag ist zuverlässig,
der Mai behutsam, aber entschlossen angehalten,
so bleibe auch ich stehn – ja doch, mein Lieber,
die Frau dort unter der Esche, das bin ich.

Schau hin, wie weit ich mich von dir entfernt hab,
wie weiß mein Häubchen ist, wie gelb mein Rock,
wie fest ich das Körbchen halte, um nicht aus dem
                                    Bild zu fallen,
wie ich paradiere in dem mir fremden Schicksal
und mich erhole von den lebendigen Mysterien.

Auch wenn du riefest, ich hörte es nicht,
und hörte ich es, ich drehte mich nicht um,
und täte ich selbst diese unmögliche Bewegung,
dein Gesicht erschiene mir fremd.

Ich kenne die Welt im Umkreis von sechs Meilen.
Ich kenne die Kräuter und Zaubersprüche gegen
                                    alle Schmerzen.
Noch blickt auf meines Kopfes Scheitel Gott herunter.
Noch bete ich um einen nicht plötzlichen Tod.
Der Krieg ist Strafe, der Friede Belohnung.

Beschämende Träume kommen vom Satan.
Ich habe eine offensichtliche Seele wie die Pflaume
den Kern.

Ich kenne kein Herzspiel.
Ich kenne die Nacktheit vom Vater meiner Kinder nicht.
Ich hege keinen Verdacht, das Lied der Lieder
sei im Entwurf verwirrend korrigiert.
Das, was ich sagen möchte, gibt es in fertigen Sätzen.
Die Verzweiflung benutze ich nicht, sie ist nicht
meine Sache,
sondern mir lediglich anvertraut zur Verwahrung.

Und kreuztest du meinen Weg,
blicktest du mir in die Augen,
ginge ich an dir vorbei direkt am Rande des Abgrunds,
der schmäler ist als ein Haar.

Rechts ist mein Haus, das ich rundum kenne,
zusammen mit seinem Treppchen und seinem Eingang
zur Mitte,
wo sich die ungemalten Geschichten ereignen:
Der Kater springt auf die Bank,
die Sonne fällt auf den Zinnkrug,
am Tisch sitzt ein knochiger Mann
und repariert die Uhr.

Album

Niemand in der Familie starb aus Liebe.
Was war, das war, zum Mythos reichte es nie.
Romeos der Schwindsucht? Julien der Diphtherie?
Manche lebten recht lange als grame Greise.
Kein Opfer einer nicht abgesandten
Antwort auf einen betränten Brief!
Am Ende gab's immer noch irgendwelche Bekannte
mit Blumen und Binokel für das Objektiv.
Kein Tod durch Ersticken im antiken Schrank,
kam der Mann der Geliebten überraschend wieder!
Niemanden hemmten Mantillen, Falten, Mieder,
ins Bild zu kommen, gottseidank.
Und niemand trug in der Seele den höllischen Bosch!
Und keiner war mit der Pistole im Garten
                                        verschwunden!
(Wenn schon eine Kugel im Kopf, dann aus
                                andrem Grund,
auf einer Feldtrage, auf der so mancher erlosch.)
Sogar die mit dem ekstatischen Dutt
und den unterschatteten Augen wie nach einem Pläsier
nicht aus Sehnsucht, Tänzer, nicht nach dir.
Vielleicht jemand von früher, vor den Daguerreotypen,
doch, soviel ich weiß, nicht die durchs Album mäandern.
Die Traurigkeiten waren zum Lachen, ein Tag verflog
                                nach dem andern,
und sie, die Getrösteten, gingen ein an Grippe.

Elegische Bilanz

Kleinanzeigen

FÜR DIE VERSPRECHEN meines Mannes,
der euch verführt hat mit den Farben
der volkreichen Welt, ihrem Lärm,
dem Lied vor dem Fenster, dem Hund hinter der Wand:
Ihr würdet nie allein sein
im Dunkel und in der Stille und atemlos
– komm ich nicht auf.
Nacht, Hinterbliebene des Tags.

ICH LEHRE das Schweigen
in allen Sprachen
nach der Methode der Versenkung
in den Sternenhimmel,
die Kiefer des Sinanthropus,
die Heupferdchensprünge,
die Säuglingsnägel,
das Plankton,
die Schneeflocke.

ICH ERNEUERE die Liebe.
Achtung! Gelegenheit!
Auf dem Rasen vom Vorjahr
im Sonnenlicht bis zum Hals
werdet ihr beim Tanz des Windes
(des vom vergangenen Jahr,
des Tanzmeisters eurer Haare) liegen.
Offerten unter: Traum.

Rehabilitierung

Ich nehme das älteste Recht der Phantasie in Anspruch
und rufe zum ersten Mal im Leben die Toten herbei.
Ich suche ihre Gesichter, lausche auf ihre Schritte,
obwohl ich weiß, wer starb, der starb genau.

's ist Zeit, den eignen Kopf in die Hand zu nehmen
und zu ihm zu sagen: Armer Yorik, wo ist dein Unwissen,
wo dein blindes Vertrauen, wo deine Unschuld,
dein Irgendwiewirdsschongehn, das Gleichgewicht
des Geistes
zwischen der geprüften und ungeprüften Wahrheit?

Ich glaubte, sie hätten Verrat geübt und wären unwürdig
eines Namens,
da doch das Unkraut ihre vergessenen Gräber verspottet
und Raben sie hänseln, das Schneetreiben auslacht
– und das waren, Yorik, ja die falschen Zeugen.

Die Ewigkeit der Toten währt so lang,
solange man an sie denken wird.
Windige Währung. Es vergeht kein Tag,
an dem nicht einer seine Ewigkeit verliert.

Heut weiß ich von der Ewigkeit mehr:
Man nimmt und gibt sie nur auf Zeit.
Wird einer Verräter genannt – der sei
mit seinem Namen dem Tode geweiht.

Diese unsre Gewalt über Tote und Moritaten
erfordert eine nicht zu erschütternde Waage,
und daß das Gericht nicht zur Nachtzeit berate,
das Urteil kein Richter splitternackt sage.

Die Erde gärt – und sie, schon Erde geworden,
treten Klumpen für Klumpen, in einem Reigen
zu ihren Namen, Kränzen und Orden
ins Volksgedächtnis, aus dem Verschweigen.

Wo bleibt meine Macht über die Worte?
Die Worte sanken auf den Grund der Tränen,
Worte Worte machen nicht lebendig genug,
Beschreibungen sind leblose Fotografie,
ich kann die Opfer nicht für einen halben Atemzug
wecken, ich, Sisyphus, verschrieben der Hölle der Poesie.

Sie suchen uns heim. Und zerschneiden
– diamantenscharf – die äußerlich blanken Vitrinen,
die Fenster gemütlicher Häuser,
die rosa Brillen, die gläsernen
Hirne und Herzen, im stillen.

Wolken

Mit der Beschreibung der Wolken
müßt ich mich sehr beeilen –
schon im Bruchteil eines Moments
sind sie nicht mehr die, sie sind andere.

Ihre Eigenschaft ist,
sich in Formen, Schattierungen, Posen, im Wechselspiel
niemals zu wiederholen.

Unbeschwert von einer Erinnerung an irgend etwas,
erheben sie sich mühelos über die Fakten.

Was sind das schon für Zeugen,
sie verflüchtigen sich sofort in jede Richtung.

Verglichen mit Wolken
erscheint das Leben festgefügt,
fast dauerhaft und beinah ewig.

Neben den Wolken
sieht sogar der Stein aus wie ein Bruder,
auf den man sich verlassen kann,
doch sie, nun ja, sind ferne und scheue Kusinen.

Sollen doch die Menschen leben wie sie wollen,
und dann der Reihe nach jeder sterben,
sie, die Wolken, geht das nichts an,

das seltsame
alles.

Über deinem ganzen Leben
und über meinem, noch nicht ganzen,
paradieren sie prächtig wie eh und je.
Sie sind nicht verpflichtet, zusammen mit uns
                              zugrunde zu gehn.
Auch ungesehen fließen sie weiter.

Beitrag zur Statistik

Auf hundert Menschen

zweiundfünfzig,
die alles besser wissen;

dem fast ganzen Rest
ist jeder Schritt vage;

Hilfsbereite,
wenn's nicht zu lange dauert,
gar neunundvierzig;

beständig Gute,
weil sie's nicht anders können,
vier, na sagen wir fünf;

die zur Bewunderung ohne Neid neigen,
achtzehn;

die keine Scherze dulden,
vierundvierzig,

die ständig in Angst leben
vor jemand oder vor etwas,
siebenundsiebzig;

die das Talent haben, glücklich zu sein,
kaum mehr als zwanzig, höchstens;

die einzeln harmlos sind
und in der Masse verwildern,
über die Hälfte, sicher;

Grausame,
von den Umständen dazu gezwungen,
das sollte man lieber nicht wissen,
nicht einmal annähernd;

die nach dem Schaden klug sind,
nicht viel mehr
als die vor dem Schaden klug sind;

die dem Leben nichts abgewinnen außer Sachen,
vierzig,
obwohl ich mich gern irren würde;

Gebrochene, Leidgeprüfte,
ohne ein Licht im Dunkel,
dreiundachtzig,
früher oder später;

Bemitleidenswerte
neunundneunzig,

Sterbliche
hundert auf hundert.
Eine Zahl, die sich vorerst nicht ändert.

Vier Uhr am Morgen

Die Stunde von Nacht zu Tag.
Die Stunde von einer Seite auf die andre.
Die Stunde, die sich auf das Krähen der Hähne bereitet.

Die Stunde der Dreißigjährigen, fiebrig.
Die Stunde, da die Erde uns verleugnet im Entfernen.
Die Stunde des Winds von erloschenen Sternen.
Die Stunde Bleibt-denn-von-uns-nichts-mehr-übrig.

Die hohle Stunde.
Die taube, beschimpfte.
Aller anderen Stunden letzte Tiefe.

Um vier Uhr am Morgen geht's niemandem gut.
Geht's den Ameisen gut um vier Uhr am Morgen
– sie seien beglückwünscht. Dann komme die fünfte,
sofern wir noch weiterleben sollen.

Ein großes Glück

Es ist ein großes Glück,
nicht genau zu wissen,
in welcher Welt man lebt.

Man müßte
sehr lange leben,
entschieden länger,
als diese Welt besteht.

Um andere Welten
vergleichsweise kennenzulernen.

Sich über den Körper erheben,
der nichts so gut kann
wie begrenzen
und Umstände schaffen.

Der Forschung,
der Klarheit des Bildes
und den letzten Folgerungen zuliebe
sich über die Zeit erheben,
in der das alles rast und rotiert.

So gesehen
adieu für immer!
ihr Einzelheiten und Episoden.

Die Wochentage zu zählen
käme einem
sinnlos vor.

Den Brief in den Kasten werfen
wäre jugendlicher Leichtsinn,

das Schild »Grünfläche betreten verboten«
eine verrückte Idee.

Elegische Bilanz

Wie viele von denen, die ich kannte
(falls ich sie wirklich kannte),
Männer, Frauen
(falls diese Einteilung noch gilt),
haben diese Schwelle überschritten
(falls es eine Schwelle ist),
diese Brücke passiert
(falls man dazu Brücke sagt) –

Wie viele nach kürzerem oder längerem Leben
(falls sie's noch unterscheiden),
einem guten, weil es begann,
einem schlechten, weil es endete
(falls sie's nicht lieber umgekehrt sagten),
fanden sich am anderen Ufer
(falls sie sich fanden
und es das andere Ufer gibt) –

Ihres weiteren Schicksals
bin ich nicht sicher
(falls es ein gemeinsames
und dazu noch Schicksal ist) –
Alles
(falls ich mit diesem Wort nicht einschränke)
haben sie hinter sich
(wenn nicht vor sich) –

Wie viele von ihnen sprangen aus der rasenden Zeit
und verschwinden immer wehmütiger in der Ferne
(falls man der Perspektive glauben darf) –

Wie viele
(falls diese Frage Sinn hat,
falls die endgültige Summe erreichbar ist,
bevor der Zählende sich selbst hinzuzählt)
fielen in diesen tiefsten Schlaf
(falls es keinen tieferen gibt) –

Auf Wiedersehn.
Bis morgen.
Bis zum nächsten Mal.
Sie wollen es nicht noch einmal
(falls sie es nicht wollen) wiederholen.
Ausgeliefert dem unvollendeten
(falls nicht einem anderen) Schweigen.
Beschäftigt nur damit
(falls es so ist),
wozu sie die Abwesenheit zwingt.

Ein Wort zur Pornographie

Es gibt keine schlimmere Ausschweifung als
das Denken.
Dieser Übermut wuchert wie das windblütige Unkraut
auf einem Beet, das für Gänseblümchen bestimmt war.

Wer denkt, dem ist überhaupt nichts heilig.
Die Dinge dreist beim Namen zu nennen,
das wüste Analysieren, die zuchtlosesten Synthesen,
nach nackten Fakten hemmungslos wild zu jagen,
heikle Themen lüstern betasten,
Ansichten laichen – das ist sein Spaß.

Am hellen Tag oder im Schutze der Nacht
verbinden sie sich zu Paaren, Dreiecken, Kreisen.
Beliebig ist hier das Geschlecht und das Alter
der Partner.
Ihre Augen glänzen, ihre Wangen glühn.
Ein Freund bringt den andern zu Fall.
Die aus der Art geschlagenen Töchter verderben
den Vater.
Der Bruder verkuppelt die jüngere Schwester.

Denen munden andere Früchte
vom verbotenen Baum der Erkenntnis
als die rosigen Hintern aus Illustrierten,
diese ganze im Grunde treuherzige Pornographie.
Die Bücher, die ihre Lust erregen, sind nicht bebildert.

Einzige Abwechslung bieten die ausgefallenen Sätze,
die man mit dem Fingernagel oder dem Buntstift
                                        anstreicht.

Schrecklich, in welchen Stellungen,
wie zügellos simpel
der eine Geist den anderen zu befruchten vermag!
Selbst dem Kamasutra sind solche Stellungen fremd.
Während dieses Beisammenseins kocht höchstens
                                        der Tee.
Die Menschen sitzen auf Stühlen, bewegen die Lippen.

Jeder schlägt sich selbst ein Bein übers andre.
Auf diese Weise berührt ein Fuß den Boden,
der zweite baumelt frei in der Luft.
Nur manchmal steht jemand auf,
geht ans Fenster
und guckt heimlich durch den Gardinenschlitz
auf die Straße.

Eine Version der Vorkommnisse

Zu wählen berechtigt,
haben wir wohl zu lange überlegt.

Die angebotenen Körper waren unbequem
und verschlissen häßlich.

Die Arten und Weisen, den Hunger zu stillen,
widerten uns an,
die ungewollte Erbschaft der Eigenschaften
und die Tyrannei der Drüsen
stießen uns ab.

Die Welt, die uns umgeben sollte,
litt pausenlos Zerfall.
Folgen der Ursachen tobten sich auf ihr aus.

Die uns zur Einsicht vorgelegten
Einzelschicksale
verwarfen wir meist
mit Trauer und Grauen.

Es kamen zum Beispiel Fragen auf,
ob es lohne, unter Schmerzen
ein totes Kind zu gebären,
und wozu ein Seemann sein,
der nie das Ufer erreicht.

Wir fügten uns in den Tod,
doch nicht in jeder Gestalt.

Liebe zog uns an,
gut, aber eine,
die ihr Versprechen hält.
Vom Dienst für die Kunst
schreckten uns ab
der Wankelmut der Urteile
und die Nichthaltbarkeit der Werke.

Jeder hätte gern ein Vaterland ohne Nachbarn
und ein Leben in der Pause
zwischen zwei Kriegen.

Niemand von uns wollte an die Macht,
auch nicht sich ihr unterordnen,
niemand wollte Opfer sein
der eigenen und der fremden Illusionen,
es gab keine Freiwilligen
für Aufmärsche, Menschenmassen,
noch weniger für die aussterbenden Stämme
– ohne die aber die Geschichte
auf keinen Fall wie vorgesehen
hätte stattfinden können.

Inzwischen erlosch und erkaltete
eine beträchtliche Anzahl
der gezündeten Sterne.
Es war höchste Zeit für den Entschluß.

Unter zahlreichen Vorbehalten
meldeten sich schließlich Kandidaten
für manche Entdecker und Gesundbeter,
unbekannte Philosophen,
ein paar namenlose Gärtner,
Zauberkünstler und Musikanten,
obwohl aus Mangel an anderen Bewerbern
nicht einmal diese Lebensläufe sich erfüllen
                                konnten.

Man mußte noch einmal
die ganze Sache überdenken.

Man bot uns
eine Reise an,
von der wir bestimmt und bald
zurückkehren würden.

Der Aufenthalt jenseits der Ewigkeit,
die eintönig genug ist
und ohne Verlauf,
könnte sich nie mehr wiederholen.

Uns befielen Zweifel,
ob wir, alles im voraus wissend,
tatsächlich alles wissen.

Ob die derart verfrühte Wahl
überhaupt eine Wahl sei
und ob es nicht besser wäre,

sie dem Vergessen zu überlassen,
und wenn schon wählen
– dann dort.

Wir sahen auf die Erde.
Waghälse bewohnten sie schon.
Eine schwächliche Pflanze
klammerte sich an den Fels
in leichtsinnigem Vertrauen,
der Wind werde sie nicht entwurzeln.

Ein kleines Tier
wühlte sich aus dem Bau
mit einer für uns seltsamen Mühe und Hoffnung.

Wir kamen uns zu vorsichtig vor,
lächerlich, kleinlich.

Bald wurden wir übrigens weniger.
Die Ungeduldigsten kamen uns abhanden.
Sie nahmen die Feuertaufe
– ja, das war klar.
Sie entfachten das Feuer soeben
am Steilufer des wirklichen Flusses.

Einige
traten gar den Rückweg an.
Doch nicht in unsere Richtung.
Und so, als trügen sie? Etwas Gewonnenes?

Ich bedenke die Welt

Ich bedenke die Welt, Ausgabe zwei,
Ausgabe zwei, verbessert,
den Idioten zum Spott,
den Grüblern zum Heulen,
den Kahlen für den Kamm,
den Hunden für die Katz.

Kapitel eins:
Die Sprache der Pflanzen und Tiere,
wo wir für jede Gattung
entsprechenden Wortschatz führen.
Sogar das einfache Guten Tag,
gewechselt mit einem Fisch,
stärkt uns, den Fisch und alle
im Leben.

Dieser längst geahnte,
plötzlich in der Wirklichkeit der Wörter
improvisierte Wald!
Diese Epik der Eulen!
Diese Aphorismen eines Igels,
ersonnen, wenn
wir überzeugt sind,
daß er pennt.

Die Zeit (Kapitel zwei)
hat das Recht, sich einzumischen

in alles, ob gut oder böse.
Aber jene – die Berge zerbricht,
Ozeane versetzt, das Sternenlicht
kreisend begleitet,
hat nicht die geringste Gewalt
über das Liebespaar, das allzu unbekleidet,
weil allzu umarmt, mit gesträubter
Seele, wie mit einem Spatzen auf der Schulter.

Das Alter ist nur die Moral
im Leben eines Kriminellen.
Ach, jung sind doch alle Braven.
Das Leid (Kapitel drei)
kann unseren Körper nicht entstellen.
Der Tod
kommt, wenn wir schlafen.

Und träumen werden wir,
daß man gar nicht atmen müßt,
daß Stille ohne Atem
keine schlechte Musik ist;
wir sind klein wie ein Funke und nackt
und erlöschen im Takt.

Nur so ist der Tod. Wer
eine Rose in der Hand hält, leidet mehr,
und größeres Entsetzen empfand,
wer sah, daß das Blatt fiel in den Sand.

Nur so ist die Welt. Nur so, denk einmal nach,
leben wir. Und sterben nur soviel.
Alles andere ist – wie Bach,
vorübergehend gespielt
auf einer Säge.

Was die Wirklichkeit verlangt

Die Wirklichkeit verlangt,
daß man auch darüber spricht:

Das Leben geht weiter.
Es tut's bei Cannae und bei Borodino
und auf dem Kosovo Pole und in Guernica:

Es gibt eine Tankstelle
auf dem kleinen Platz in Jericho,
frisch gestrichene Bänkchen
am Fuße des Weißen Berges.
Briefe werden befördert
von Pearl Harbour nach Hastings,
am Auge des Löwen von Chäronea
fährt ein Möbelwagen vorbei,
und den blühenden Gärten bei Verdun
nähert sich eine nur atmosphärische Front.

Es gibt so viel von Allem,
daß das Nichts recht gut bedeckt bleibt.
Von den Yachten bei Aktium
dringt Musik,
und auf den Decks tanzen Paare in der Sonne.

Es geschieht ständig so viel,
daß überall etwas geschehen muß.
Wo Stein auf Stein liegt,

dort belagern auch Kinder
den Icecreamwagen.

Wo Hiroshima war,
dort ist wieder Hiroshima,
und die Herstellung vieler Gegenstände
des täglichen Bedarfs.

Nicht ohne Reize ist diese schreckliche Welt,
nicht ohne Morgen,
für die es aufzuwachen lohnt.
Auf dem Schlachtfeld von Maciejowice
ist das Gras grün
und im Gras, wie üblich im Gras,
der transparente Tau.

Vielleicht gibt es überhaupt nur Schlachtfelder,
die noch erinnerten,
die schon vergessenen,
Birkenwälder und Zedernhaine,
Schneefelder, Sand, schillernde Sümpfe
und Schluchten der schwarzen Niederlage,
wo man bei dringendem Bedürfnis
sich hinhockt hintern Busch.

Und die Moral – wohl keine.
Das, was wirklich ist, ist das schnell trocknende Blut,
und immerzu Flüsse, Wolken.

Auf den tragischen Paßstraßen
reißt der Wind den Hut vom Kopf,
und so ist's nun mal –
ein Anblick zum Lachen.

Nichts ist geschenkt

Nichts ist geschenkt, alles geliehen.
Ich stecke in Schulden bis über die Ohren.
Ich muß für mich
mit mir bezahlen,
fürs Leben das Leben rückerstatten.

So ist es nun mal,
das Herz und die Leber
und jeder Finger
sind gepachtet.

Zu spät, den Vertrag zu lösen,
die Schulden werden mir abgezogen
samt meiner Haut.

Ich geh durch die Welt,
umdrängt von Schuldnern.
Auf den einen lasten
die Raten für die Flügel.
Den andren nolens volens
blüht die Abrechnung der Blätter.

Jede Zelle in uns
ist verbucht unter Soll.
Kein Wimperchen, Stielchen
bleibt uns für immer.

Das Verzeichnis ist genau,
und es sieht so aus,
als behielten wir nichts.

Ich weiß nicht mehr,
wo, wann und warum
ich diese Verbindlichkeit
eingegangen.

Den Protest dagegen
nennen wir Seele.
Das einzige, was
im Verzeichnis fehlt.

Epilog

Verzeichnis

Ich habe ein Verzeichnis von Fragen verfaßt,
deren Beantwortung ich nicht mehr erleben werde,
denn entweder ist es dafür zu früh,
oder ich begreife sie auch später nicht.

Das Verzeichnis ist lang,
es betrifft wichtige und weniger wichtige Dinge,
um Sie nicht zu langweilen,
verrate ich nur einige:

Was war wirklich
und was scheinbar
auf diesem Schauplatz,
dem gestirnten und dem ungestirnten,
wo außer der Einlaßkarte
auch eine Auslaßkarte Pflicht ist;

Was ist mit der ganzen lebendigen Welt,
die ich mit einer anderen lebendigen zu vergleichen
nicht schaffe;

Worüber werden die Zeitungen
morgen schreiben;

Wann hören die Kriege auf
Und was wird sie ersetzen;

Wessen Ringfinger trägt jetzt
meinen mir gestohlenen – verlorenen
Herzensring;

An welchem Ort gibt's den freien Willen,
der sein und nicht sein
gleichzeitig kann;

Was ist mit den Dutzenden von Menschen –
kannten wir uns wirklich;

Was wollte mir M. sagen,
als sie nicht mehr sprechen konnte,

Wieso hielt ich Böses
für gut
und was fehlt mir,
damit ich nicht mehr irre?

Einige Fragen
notierte ich kurz vorm Einschlafen.
Wach geworden
konnte ich sie nicht mehr entziffern.

Manchmal habe ich den Verdacht,
es sei die eigentliche Chiffre.
Aber auch das ist eine Frage,
die mich irgendwann verlassen wird.

Nachwort

Wisława Szymborska, vom Ritual der üblichen Fragebögen irritiert, schreibt einen eigenen, der wesentlichere Fragen stellt. Sie schreibt ihn als Wissende, Erfahrene, in Gedichten. Die meisten Fragen kreisen bei ihr um die Freundschaft und die Liebe. Um die erste, die letzte, die naive und die skeptische Liebe, immer in Anbetracht des wahren, aktuellen Zustands der Menschengattung und ihrer globalen Irrtümer und Katastrophen. Die Dichterin wägt die Chancen und die Gefahren großer oder kleiner Gefühle in der heutigen Situation teilnahmsvoll, aber nüchtern, realistisch ab. Manchmal leicht melancholisch, manchmal sanft ironisch, doch stets sich ihrer Relevanz bewußt.

Das tat sie schon in den ersten Gedichten: »Ich suche das Wort« (1945), »Deshalb leben wir« (1952), »Fragen, die ich mir stelle« (1954) und »Rufe an Yeti« (1957).

Sie sucht das authentische Wort für die authentischen Lebensabläufe von Eva und Adam, dem Paar in seinem höchstpersönlichen Paradies oder nach der Vertreibung daraus. Den konsequentesten Vertriebenen-Flüchtling, Yeti, dem ewigen Eis und Schnee »in den vier Lawinenwänden«, der kalten Einsamkeit ausgesetzt, lockt sie, zur Erde und zur Zivilisation zurückzukehren: »O Yeti, Halbfaust, / überleg es, komm zurück!« Sie ist sich aber ihrer Argumente selbst nicht mehr ganz sicher. Sie lockt Yeti mit den Wohltaten im bevölkerten Tal, dem Abece, dem Brot, Shakespeare, Geigenspiel, mit dem elektrischen

Licht abends, der mathematischen Ordnungsliebe des Einmaleins, des Kalenders, Tage, Monate, Jahre. Aber ihre Argumente werden immer schwächer und leiser: Da unten, sagt sie mit unsicherer Stimme, tauen Schnee und Eis, und nicht nur Verbrechen seien möglich, nicht alle Worte seien ein Todesurteil. Kinder würden auch auf Ruinen geboren und machten das Erbe der Hoffnung, die Gabe des Vergessens erlebbar. Es hilft nichts, offenbar, Yeti bleibt oben im Eis. Dieses Gedicht macht uns mit einer Gabe des Humors bei Szymborska vertraut, ihrer feinen Ironie. Sie reißt keine Wunden auf, sie besänftigt den Schmerz, ohne Süßholz zu raspeln, ohne zu belehren. Die Erkenntnis kommt sowieso, unaufgefordert und mitmenschlich von selbst.

Mehrere Gedichte unserer Auswahl stammen aus dem Band »Salz« (1962), aus der Reifezeit, dem Wende- und Höhepunkt ihres Schaffens. Danach folgten mehrere Bände – jeder in Polen ein Ereignis – bis zum bislang letzten, »Augenblick«, der im Jahr 2002 erschien. In dieser Auswahl sind die Gedichte allerdings nicht chronologisch, sondern thematisch und kontrapunktisch neu geordnet.

1

Der »Lebenslauf« beginnt mit der ersten Liebe der kleinen Mädchen, die sich in der Liebesgeschichte von Troja und in ihrem eigenen Spiegelbild verlieren. Die erste Liebe findet im Haselholz statt, unter dem Sturzflug der Schwalbe. (Die Schwalben fliegen tief, wenn ein Gewitter naht.) Szymborska beruft die »Schönschreibkunst«, die »frühe Vogelgotik« des Schwalbenflugs und den »Silberblick des Himmels«, sich der Verliebten zu erbarmen, zu bewirken, daß sie »niemals vergessen«. Das Schicksal der ersten Liebe ist leider oft so, wie es das polnische Volkslied sachlich überliefert. Die Verliebten gehen getrennte Wege: »Du gehst bergauf, ich geh ins Tal ...« »Die Liebe auf den ersten Blick« ist schöne »Gewißheit«, aber auch schöne Täuschung. Wenn es eines Tages ein »Überraschendes Wiedersehen« gibt, haben sich beide »nichts mehr zu sagen«.

Ist »Glückliche Liebe« überhaupt »normal und ernst zu nehmen und nützlich – / was hat die Welt von zwei Menschen, / die diese Welt nicht sehen?...« Der »glücklichen Liebe« folgt meist eine »normale«, dann eine vernünftige »ernst zu nehmende« und schließlich keine von den beiden, sondern eine »nützliche«. Die »Goldene Hochzeit« macht das allmähliche Zerstörungswerk bewußt: »Das Geschlecht verblüht, die Geheimnisse verglimmen, / im Ähnlichen begegnen sich Unterschiede / wie alle Farben im Weiß.« Was übrigbleibt, ist museumsreif: »die Krone überdauerte den Kopf« – in der Vitrine.

2

Adam ist »Akrobat«, führt Kunststücke vor »von einem Trapez zum andern« – »mit kalkulierter Phantasie«, wenn er dichtet, Erfolge plant oder Boxkämpfe austrägt. Nur bei Faustkämpfen fallen die Frauen »in Ohnmacht«, erleben sie »dantische Szenen«, »ebenso das Indenhimmelgehobenwerden«.

Eva singt Opernarien. Ihre Silben rinnen »italienisch silbern«, sie »trillert Triolen«, weil sie den »Chevalier vom hohen C« liebt. Alles Theater: »Kleine Komödien«, Dramoletten, Buffonaden, spiritistische Séancen, Schattenspiele. Shakespeares Ophelia und die Autorin sehen es ein: »Beflügelt« geht man unter, man überlebt »in praktischen Krallen«. »Non omnis moriar aus Liebe«. Szymborska zeigt den Ausweg aus den kleinen Tragödien: dies dennoch milde Lächeln der Trauer und der Nachsicht.

3

Die Frau. Eva. Lots Frau. Die jedem Ornament spottende »Große Mutter«, der »Fruchtbarkeitsfetisch aus dem Paläolithikum« ohne Gesicht, ohne Füße: »Wozu auch. / Wohin sollte sie denn wandern?...« Oder die Affenfrau: »Im alten Ägypten verehrt ... / In Europa nahm man ihr die Seele ...« Oder die geheimnisvoll maskierte Frau, die weint – unter der Maske – während die anderen in ihrer Träne tanzen und »nichts wissen«. »Wer, wer bist du, schöne Maske.« Einmal ist sie wie die »Katze in der leeren Wohnung«, nach dem Verlust des vertrauten Hausgenossen: »Sterben – das tut man einer Katze nicht an. / Denn was soll die Katze / in einer leeren Wohnung. / An den Wänden hoch, / sich an Möbeln reiben ...« So stellt sich in der Bildergalerie das »Frauenbildnis« vielgestaltig dar.

135

4

Adam ist »Wanderer« von Alpha »nach Omega«. Er
siegt in der »Schönheitskonkurrenz der Männer«, ist
Mister Universum, »Gespannt vom Spann bis an die
Kiefer. / Von Oliofirmamenten triefend. / Nur der be-
kommt die Mister-Note / der wie ein Striezel zugekno-
tet ...« Merkwürdig sein filmisches »Negativ«. Alles
ist anders. Dunkles hell, Helles dunkel. Schließlich fin-
det man seine »Gewohnte Heimkehr« gemütlich.

5

Die »Bildergalerie« präsentiert sich verwirrend vielge-
staltig. Da sind der »Fürst, aufs schmeichelhafteste unbe-
leibt« und neben ihm »Frau Fürstin, / wunderbar jung,
allerjüngst« auf der »Mittelalterlichen Miniatur«. Oder
»Die Frauen von Rubens«: »nackt wie das Donnern der
Tonnen« in den »zertrampelten Betten«, die Töchter
des Barock, »aufgedunsene, kürbisrunde ... fette Liebes-
gerichte«. Oder Tänzerinnen, wie Miss Duncan, die wie
»ein sanfter Zephir« wölkchenartig dahintanzende
Bacchantin, im Lichtbilderatelier der Pose bis zur »Er-
starrung« zum Fraß vorgeworfen. Ein »Album« voller
Landschaften, Sommernachsträume, die alle auf dem
Dachboden landen. Und wenn es ein Album der »norma-
len« Familie ist, so ist der Rückschluß prosaisch: »Nie-
mand in der Familie starb aus Liebe. / ... ein Tag verflog
nach dem andern / ... die Getrösteten, gingen ein an
Grippe.«

Dem Erinnerungsschatz, der Bildergalerie, dem Museum, dem Fotoalbum folgt eine »Elegische Bilanz«. Die Erfahrene warnt in einer »Kleinanzeige«: »Für die Versprechen meines Mannes, / der euch verführt hat mit den Farben / der volkreichen Welt ... komm ich nicht auf«.

Unter den vielen Einsichten der Bilanz die wichtigste: »Nichts ist geschenkt« für immer, »alles geliehen« auf Zeit. Eines Tages muß man es »rückerstatten«.

Ein langer Katalog von offenen wie geschlossenen Fragen sind diese skeptischen Liebesgedichte, das heißt Lebenslaufgedichte. Und es sind noch nicht alle Fragen von Szymborskas »Lebenslauf« hier verzeichnet. Das Verzeichnis kann jeder für sich nach Wunsch ergänzen. Der Melancholie folgend oder der Freude am Leben und an der Liebe: dem Gedächtnis, der Hoffnung; dem Schreiben und dem Lesen der Gedichte.

K. D.

Zeittafel

1923 Wisława Szymborska wird am 2. Juli in Bnin, heute ein Stadtteil von Kórnik, bei Posen geboren.

1931 Umzug mit ihrer Familie nach Krakau.

1945 Literarisches Debüt in der Wochenbeilage der Tageszeitung *Dziennik Polski* mit dem Gedicht »Szukam slowa« (»Ich suche das Wort«).

1945-48 Studium an der Jagellonica-Universität in Krakau. Szymborska studiert polnische Literatur und Soziologie.

1948 Vorlage ihres ersten Gedichtbands, der nicht erscheint.

1952 Der zweite Gedichtband *Dlatego zyjemi* (*Deshalb leben wir*) findet die Zustimmung der Behörden und wird veröffentlicht.

1953-1981 Ständige Mitarbeit in der Zeitschrift *Życie Literackie* (*Literarisches Leben*). Sie beantwortet Leserbriefe und veröffentlicht unter der Rubrik »Keine Pflichtlektüre« geistreiche Rezensionen über unterschiedliche Themen, wie Gartenbau, Tourismus, Kochen, Hexerei, Kunstgeschichte und Literatur.

1954 Literaturpreis der Stadt Krakau.
Veröffentlichung des Gedichtbandes *Pytanie zadawane sobie* (*Fragen, die ich mir stelle*).

1957 Literarischer Durchbruch mit dem Sammelband *Wołanie do Yeti* (*Rufe an Yeti*). Die hier eingeleitete Entwicklung setzt sich später in dem Band *Sól* (*Salz*, 1962) weiter fort.

1963 Preis des polnischen Kultusministeriums.

1982 Übersetzung von Fragmenten aus dem Werk des französischen Barockdichters Théodore Agrippa d'Aubigné.

1980-1990 Unter dem Pseudonym Stanczykowa Mitarbeit in der polnischen *Samizdat*-Publikation *Arka* und der Exilzeitschrift *Kultura*, die in Paris erscheint.

1990 Siegmund-Kallenbach-Preis.

1991 Goethe-Preis der Stadt Frankfurt.

1995 Herder-Preis der Hamburger Alfred-Toepfer-Stiftung F. V. S.
Verleihung des Ehrendoktorats der Adam-Mickiewicz-Universität in Posen.

1996 Nobelpreis für Literatur.
Preis des Polnischen PEN-Clubs.
1997 Ehrung durch die Stadt Frankfurt in einer Matinee im Kaisersaal.
2000 Karl Dedecius, der deutsche Übersetzer von Szymborskas Poesie, erhält die Goetheplakette der Stadt Frankfurt als Auszeichnung für seine Übersetzungsleistung.

Verzeichnis der Gedichtüberschriften
und -anfänge